Impressum
Verlag: BABADADA GmbH, Nedderfeld 112 , 22529 Hamburg
Geschäftsführer / Verlagsleitung: Harald Hof
Druck: Books on Demand GmbH, In de Tarpen 42, 22848 Norderstedt

Imprint
Publisher: BABADADA GmbH, Nedderfeld 112 , 22529 Hamburg, Germany
Managing Director / Publishing direction: Harald Hof
Print: Books on Demand GmbH, In de Tarpen 42, 22848 Norderstedt

iskola

escola

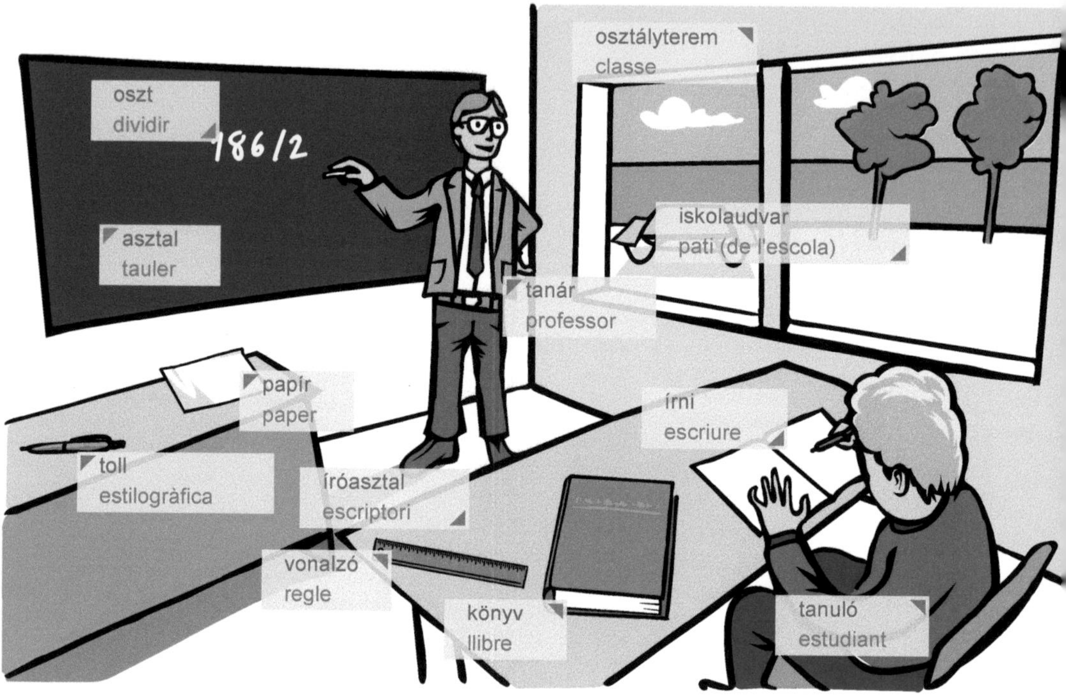

osztályterem
classe
oszt
dividir
186/2
asztal
tauler
iskolaudvar
pati (de l'escola)
tanár
professor
papír
paper
írni
escriure
toll
estilogràfica
íróasztal
escriptori
vonalzó
regle
könyv
llibre
tanuló
estudiant

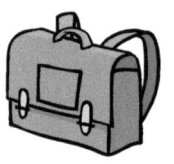

iskolatáska

bossa

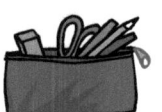

tolltartó

estoig

ceruza

llapis

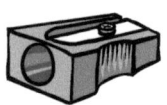

ceruzahegyező

maquineta de fer punta

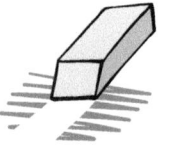

radír

goma

rajzfüzet

bloc de dibuix

rajz

dibuix

ecset

pinzell

festőkészlet

capsa de pintures

olló

tisores

ragasztó

cola

munkafüzet

quadern d'exercicis

házi feladat

deures

12

szám

nombre

2+2

összead

afegir

5-2

kivon

sostreure

2×2

szoroz

multiplicar

számol

calcular

A

betű

lletra

ABCDEFG HIJKLMN OPQRSTU VWXYZ

ABC

alfabet

hello

szó

mot

iskola - escola

szöveg

text

olvasni

llegir

kréta

guix

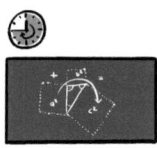

tanóra

lliçó

napló

llibre de classe

vizsga

examen

bizonyítvány

certificat

iskolai egyenruha

uniforme escolar

oktatás

formació

enciklopédia

enciclopèdia

egyetem

universitat

mikroszkóp

microscopi

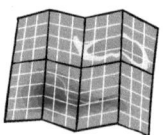

térkép

mapa

papír-hulladék gyűjtő

paperera

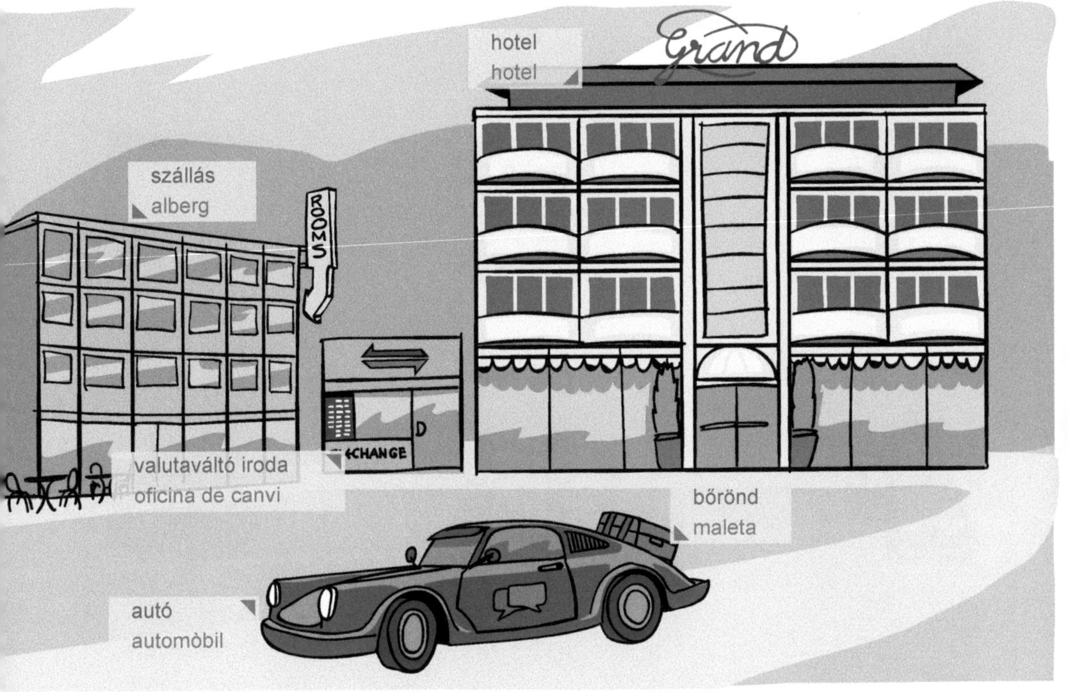

hotel
hotel

szállás
alberg

valutaváltó iroda
oficina de canvi

bőrönd
maleta

autó
automòbil

nyelv

llengua

igen/nem

sí / no

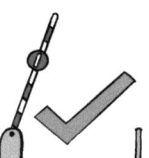

rendben

D'acord

szia

Ey!

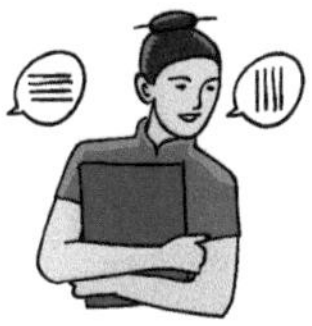

fordító

traductora

köszönöm

gràcies

mennyibe kerül...?

Quant costa... ?

nem értem

No entenc

probléma

problema

Jó estét!

Bona nit!

jó reggelt!

bon dia!

jó éjszakát!

bona nit!

viszontlátásra

fins aviat

útirány

direcció

poggyász

bagatge

táska

bossa

hátizsák

sarrona

vendég

convidat

szoba

cambra

hálózsák

sac de dormir

sátor

tenda

turista információ

oficina de turisme

strand

platja

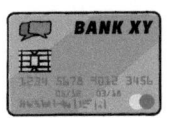

hitelkártya

carta de crèdit

reggeli

esmorzar

ebéd

dinar

vacsora

sopar

jegy

bitllet

lift

ascensor

bélyeg

segell

határ

frontera

vám

duana

nagykövetség

ambaixada

vízum

visat

útlevél

passaport

közlekedés
transport

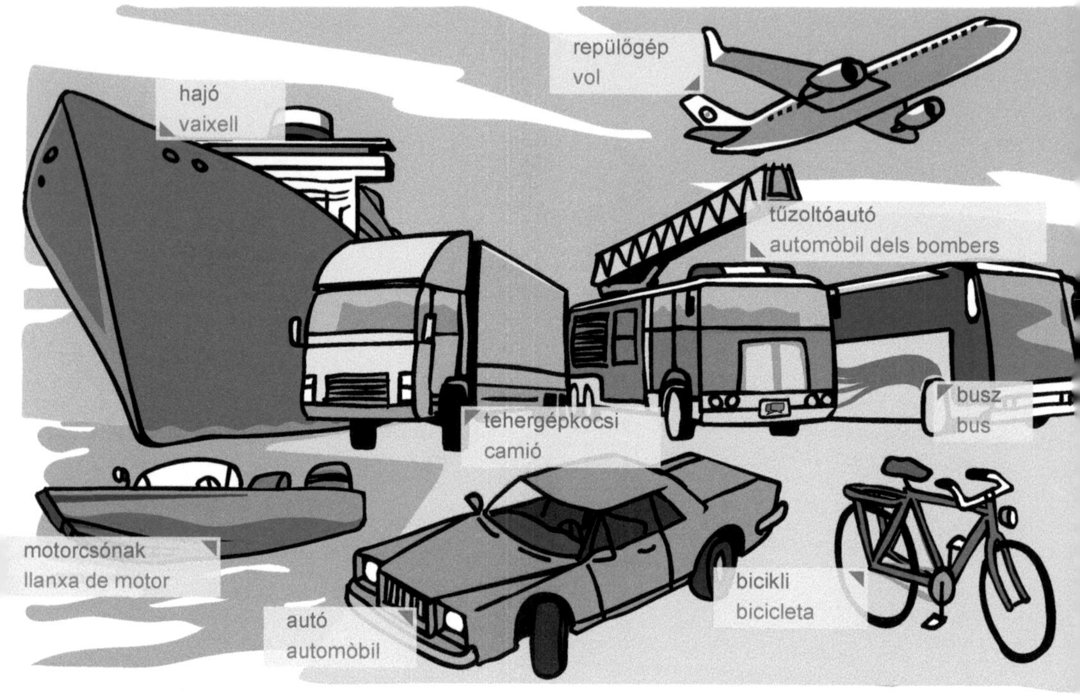

repülőgép
vol
hajó
vaixell
tűzoltóautó
automòbil dels bombers
busz
bus
tehergépkocsi
camió
motorcsónak
llanxa de motor
autó
automòbil
bicikli
bicicleta

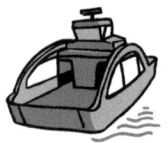

komp

transbordador

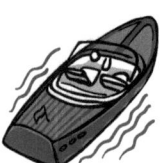

csónak

barca

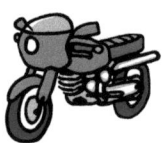

motorkerékpár

moto

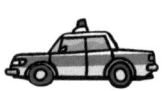

rendőrautó

automòbil de policia

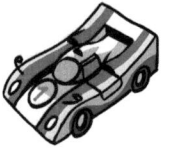

versenyautó

automòbil de curses

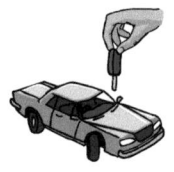

bérautó

automòbil de lloguer

telekocsi

vehicle compartit

vontató

grua

szemetes autó

camió de les escombraries

motor

motor

üzemanyag

benzina

benzinkút

benzineria

közlekedési tábla

senyal de trànsit

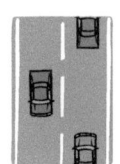

forgalom

trànsit

forgalmi dugó

embús

parkoló

aparcament

vonatállomás

estació de trens

sínek

vies

vonat

tren

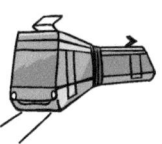

villamos

tramvia

vagon

vagó

helikopter

helicòpter

repülőtér

aeroport

torony

torre

utas

passatger

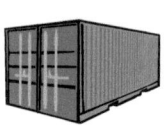

konténer

contenidor

kartondoboz

capsa de cartó

taliga

carretó

kosár

cistella

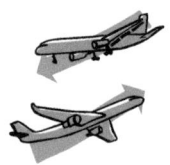

felszáll / leszáll

enlairar-se / aterrar

város

ciutat

falu

poble

városközpont

centre de la ciutat

ház

casa

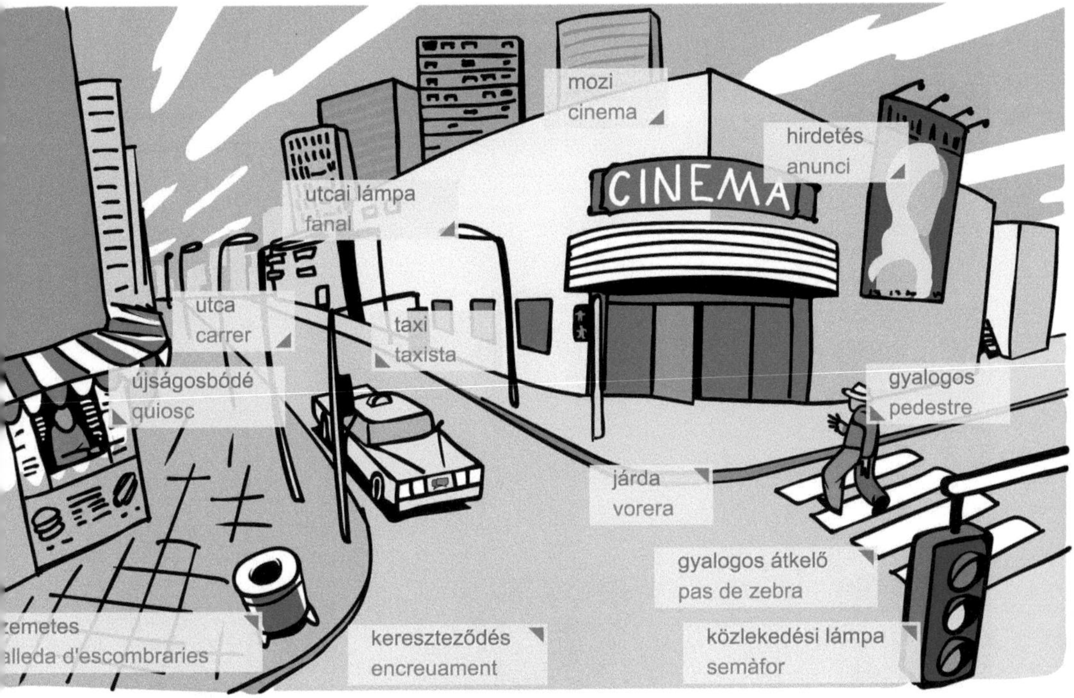

mozi
cinema

hirdetés
anunci

utcai lámpa
fanal

CINEMA

utca
carrer

taxi
taxista

újságosbódé
quiosc

gyalogos
pedestre

járda
vorera

gyalogos átkelő
pas de zebra

emetes
alleda d'escombraries

kereszteződés
encreuament

közlekedési lámpa
semàfor

kunyhó
cabana

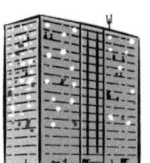

lakás
apartament

vonatállomás
estació de trens

városháza
casa de la vila-ciutat

múzeum
museu

iskola
escola

egyetem

universitat

bank

banca

kórház

hospital

hotel

hotel

gyógyszertár

farmàcia

iroda

oficina

könyvesbolt

llibreria

üzlet

botiga

virágüzlet

floristeria

szupermarket

supermercat

piac

mercat

áruház

gran magatzem

halárus

peixateria

bevásárló központ

centre comercial

kikötő

port

park
parc

pad
banc

híd
pont

lépcső
escala

metró
metro

alagút
túnel

buszmegálló
parada d'autobús

bár
bar

étterem
restaurant

postaláda
bústia de correu

utcatábla
senyal indicador

parkoló óra
parquímetre

állatkert
zoo

uszoda
piscina

mecset
mesquita

gazdálkodás

granja

környezetszennyezés

pol·lució

temető

cementiri

templom

església

játszótér

parc infantil

szentély

temple

táj
paisatge

levél
fulla

útjelző tábla
cartell indicador

út
camí

rét
prat

kő
pedra

fa
arbre

túrázó
excursionista

folyó
riu

fű
gespa

virág
flor

völgy
vall

domb
muntanya

tó
llac

erdő
bosc

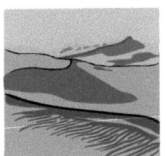

sivatag
desert

vulkán
volcà

kastély
castell

szivárvány
arc de Sant Martí

gomba
bolet

pálmafa
palmera

szúnyog
moscard

légy
mosca

hangya
formiga

méhecske
abella

pók
aranya

táj - paisatge

bogár

escarabat

béka

granota

mókus

esquirol

sündisznó

eriçó

nyúl

llebre

bagoly

òliba

madár

ocell

hattyú

cigne

vaddisznó

senglar

szarvas

cervo

rénszarvas

ant

gát

presa

szélturbina

turbina

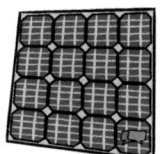

napelem

panell solar

éghajlat

clima

étterem
restaurant

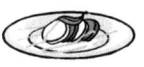

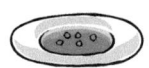

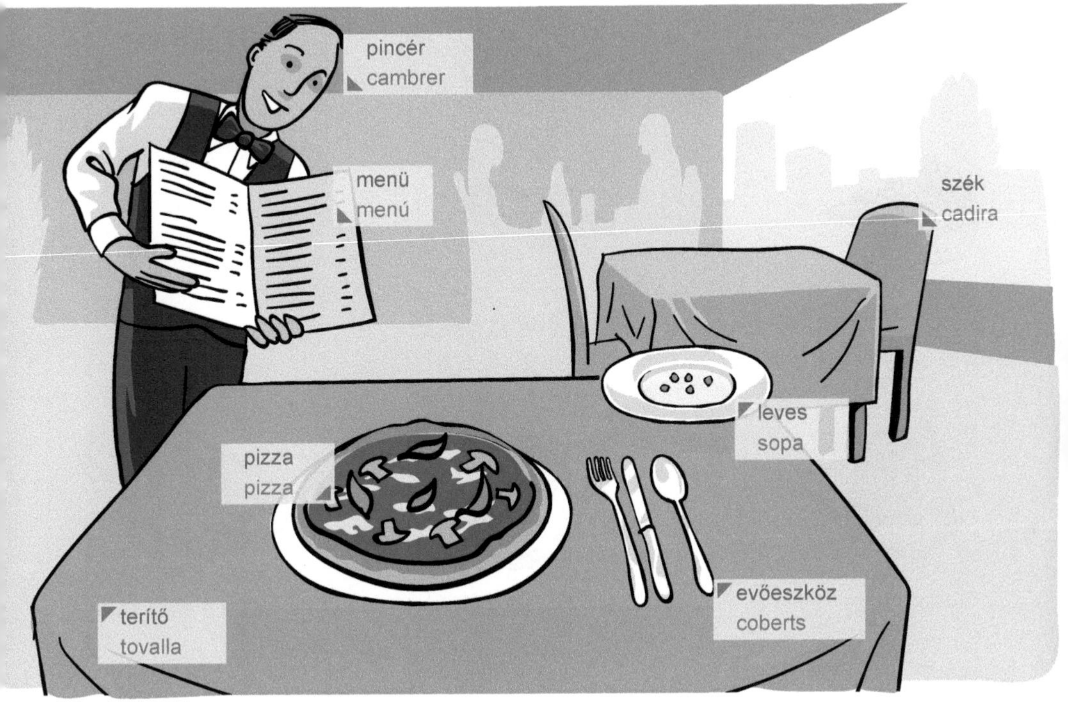
pincér
cambrer
menü
menú
szék
cadira
leves
sopa
pizza
pizza
evőeszköz
coberts
terítő
tovalla

előétel

primer plat

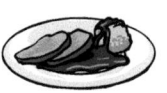

főétel

plat principal

desszert

darreries

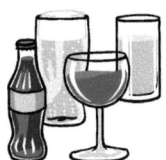

italok

begudes

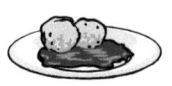

étel

menjar

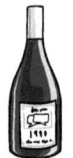

üveg

ampolla

gyorsétel

menjar ràpid

gyorsétel

menjar de carrer

teás kanna

tetera

cukortartó

sucrer

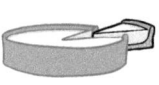

adag

porció

eszpresszógép

màquina d'espresso

bárszék

trona

számla

factura

tálca

plata

kés

ganivet

villa

forqueta

kanál

cullera

teáskanál

cullereta

szalvéta

tovalló

pohár

got

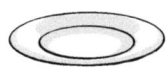

tányér

plat

leveses tányér

plat de sopa

csészealj

plateret

szósz

salsa

sószóró

saler

borsőrlő

molinet de pebre

ecet

vinagre

étkezési olaj

oli

fűszerek

espècies

ketchup

quètxup

mustár

mostassa

majonéz

maionesa

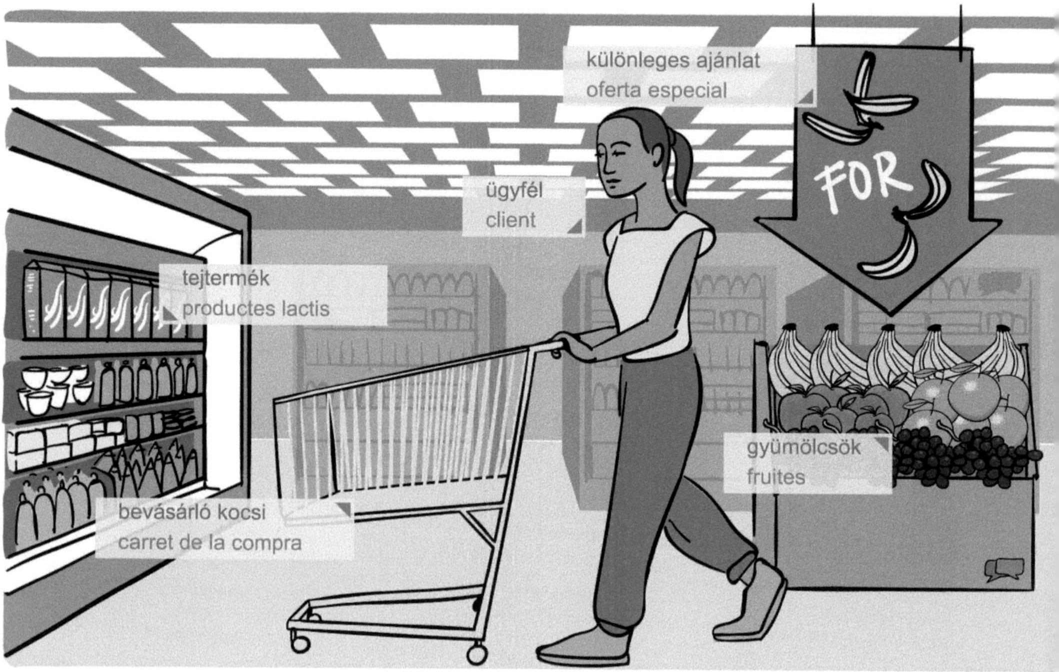

különleges ajánlat
oferta especial

ügyfél
client

tejtermék
productes lactis

gyümölcsök
fruites

bevásárló kocsi
carret de la compra

hentes	pékség	nyom valamennyit
carnisseria	forn de pa	pesar
	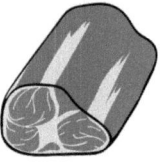	
zöldség	hús	fagyasztott áru
verdures	carn	menjar congelat

felvágott

carn freda

konzerv

conserves

mosópor

detergent en pols

édességek

dolços

háztartási termék

articles domèstics

tisztítószerek

productes de neteja

eladó

venedora

pénztárgép

caixa registradora

eladó

caixera

bevásárló lista

llista de la compra

nyitva tartás

horari d'obertura

levéltárca

portamonedes

hitelkártya

carta de crèdit

zacskó

bossa

műanyag zacskó

bossa de plàstic

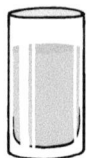

víz

aigua

gyümölcslé

suc

tej

llet

kóla

coca-cola

bor

vi

sör

cervesa

alkohol

alcohol

kakaó

cacau

tea

te

kávé

cafè

eszpresszó

espresso

kapucsínó

cappuccino

banán

banana

alma

poma

narancs

taronja

sárgadinnye

síndria

citrom

llimona

sárgarépa

pastanaga

fokhagyma

all

bambusz

bambú

hagyma

ceba

gomba

bolet

magvak

avellanes

nokedli

fideus

spagetti

espaguetis

rizs

arròs

saláta

amanida

sült krumpli

patates fregides

sült burgonya

patates fregides

pizza

pizza

hamburger

hamburguesa

szendvics

entrepà

hússzelet

escalopa

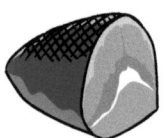

sonka

cuixot

szalámi

salami

kolbász

salsitxa

csirke

pollastre

pecsenye

rostit

hal

peix

zabkása

flocs de civada

müzli

musli

kukoricapehely

cereals

liszt

farina

croissant

croissant

zsemle

panet

kenyér

pa

pirítós kenyér

torrada

keksz

bescuits

vaj

mantega

túró

mató

sütemény

pastís

tojás

ou

tükörtojás

ou fregit

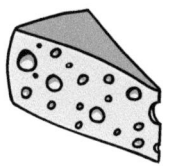

sajt

formatge

jégkrém

gelat

cukor

sucre

méz

mel

lekvár

melmelada

mogyorókrém

crema de xocolata

curry

curri

gazdálkodás
granja

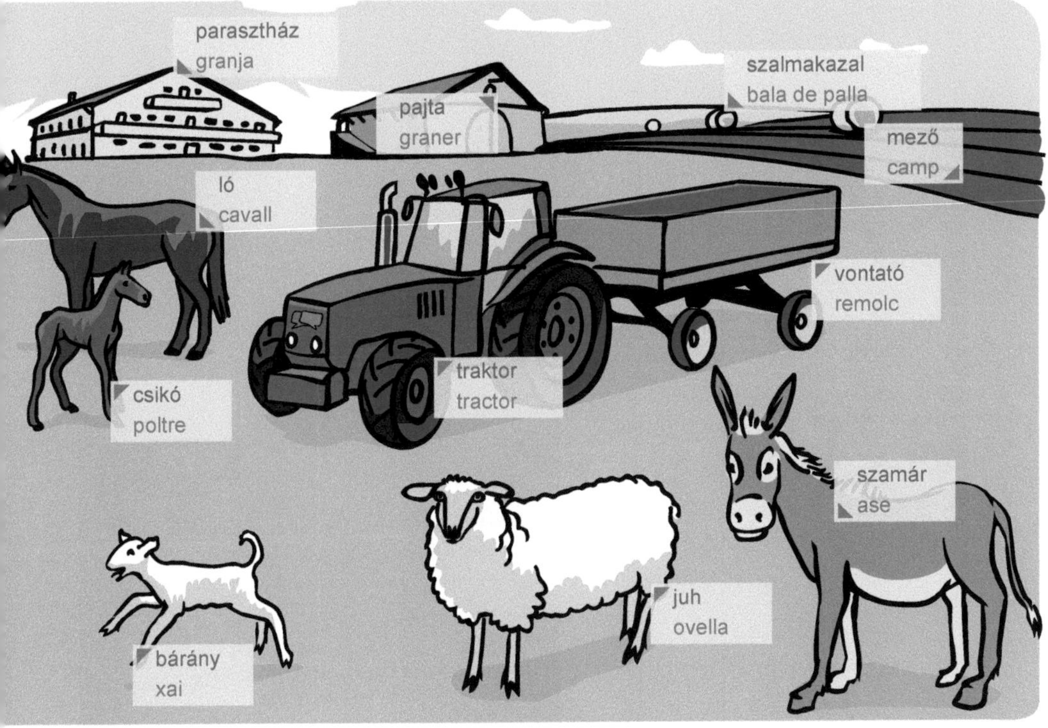
parasztház
granja
pajta
graner
szalmakazal
bala de palla
mező
camp
ló
cavall
vontató
remolc
csikó
poltre
traktor
tractor
szamár
ase
juh
ovella
bárány
xai

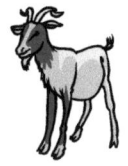

kecske
....
cabra

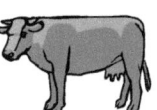

tehén
....
vaca

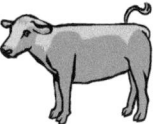

borjú
....
vedella

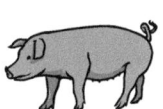

malac
....
porc

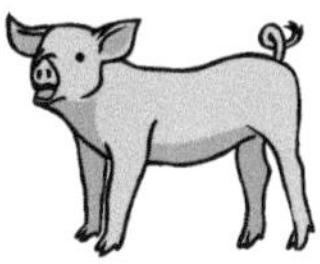

kismalac
....
garrí

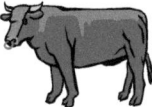

bika
....
bou

liba

oca

kacsa

ànec

csibe

poll

tojó

gall

kakas

gallina

patkány

rata

macska

gat

egér

ratolí

ökör

bou

kutya

gos

kutyaház

gossera

kerti öntözőcső

mànega de regar

öntözőkanna

regadora

kasza

dalla

eke

arada

sarló
falç

kapa
aixada

vasvilla
forca

fejsze
destral

talicska
carretó

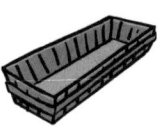

teknő
abeurador

tejes kancsó
lletera

zsák
sac

kerítés
tanca

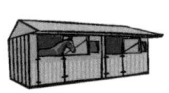

istálló
establa

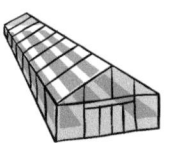

üvegház
hivernacle

talaj
sòl

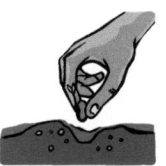

vetőmag
llavor

trágya
adob

cséplőgép
collidora

szüretelni

collir

betakarítás

collita

yamgyökér

nyam

búza

blat

szója

soja

burgonya

patata

kukorica

blat de moro o d'indi

repcemag

colza

gyümölcsfa

arbre fruiter

manióka

mandioca

gabona

cereals

ház
casa

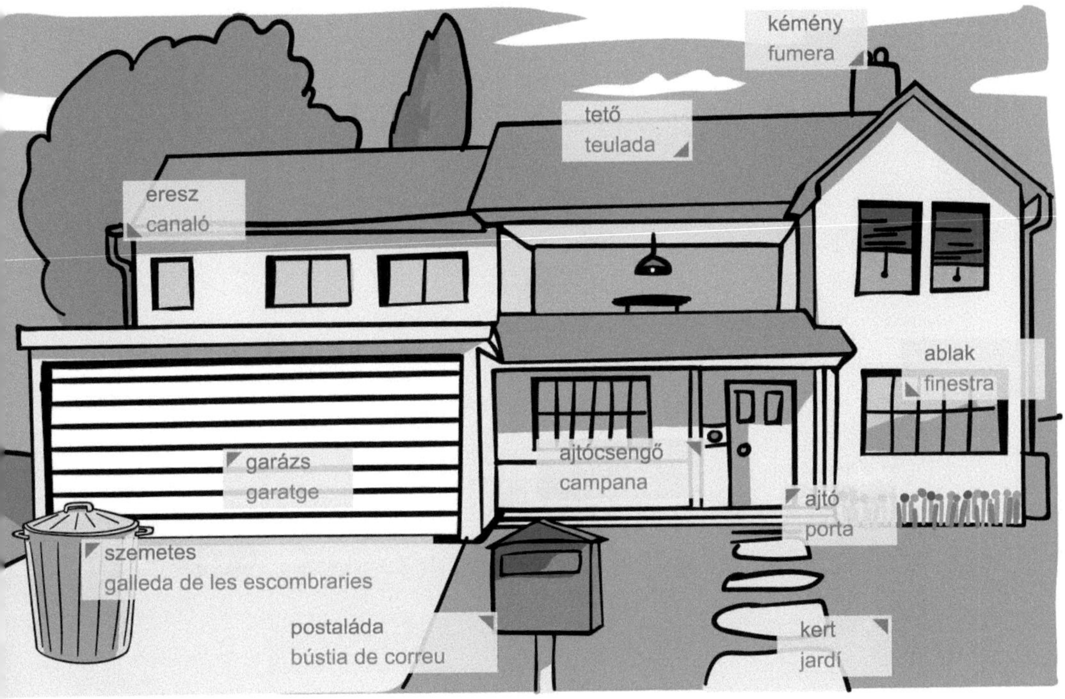
kémény
fumera
tető
teulada
eresz
canaló
ablak
finestra
ajtócsengő
campana
garázs
garatge
ajtó
porta
szemetes
galleda de les escombraries
postaláda
bústia de correu
kert
jardí

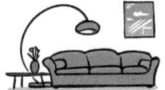

nappali

sala d'estar

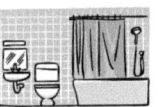

fürdőszoba

bany

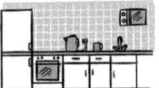

konyha

cuina

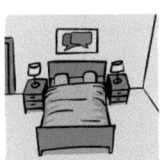

hálószoba

cambra de dormir

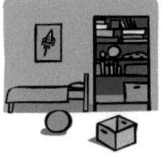

gyerekszoba

cambra de nen

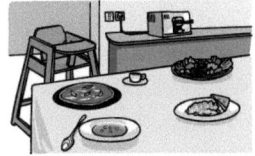

ebédlő

menjador

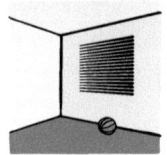

padló

sòl

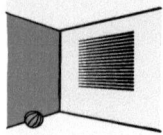

fal

paret

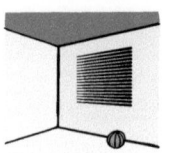

plafon

sostre

pince

soterrani

szauna

sauna

erkély

balcó

terasz

terrassa

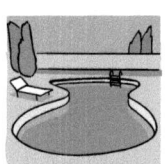

medence

piscina

fűnyíró

tallagespa

lepedő

vànova

ágytakaró

cobrellit

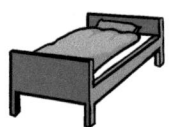

ágy

llit

seprű

escombra

vödör

galleda

kapcsoló

interruptor

nappali
sala d'estar

tapéta
paper de paret
kép
quadre
lámpa
làmpada
polc
prestatge
szekrény
armari
televízió
televisor
kandalló
escalfapanxes
virág
flor
párna
coixí
kanapé
sofà
váza
gerro
távirányító
telecomanda

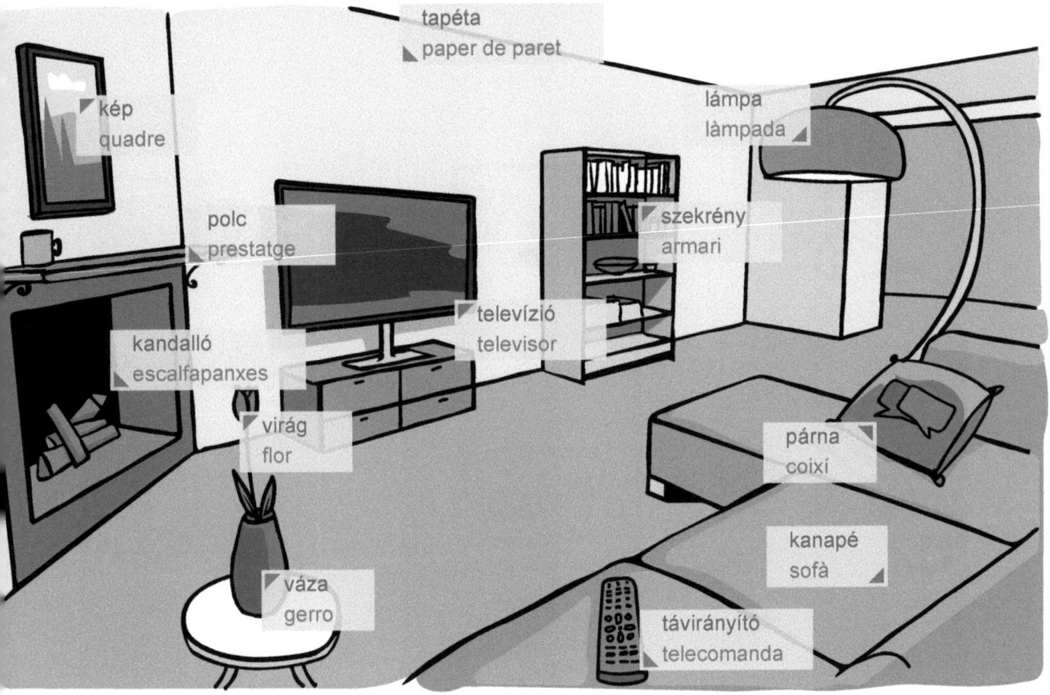

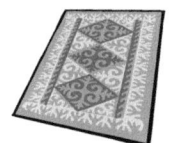

szőnyeg

catifa

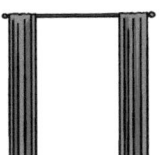

függöny

cortina

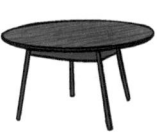

asztal

taula

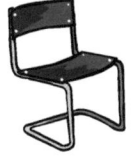

szék

cadira

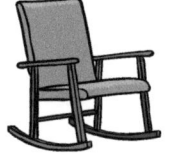

hintaszék

cadira gronxadora

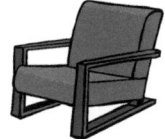

karosszék

cadiral

könyv

llibre

takaró

llençol

dekoráció

decoració

tűzifa

llenya

film

film

hifi

cadena de música

kulcs

clau

újság

diari

festmény

pintura

poszter

cartell

rádió

ràdio

jegyzetfüzet

bloc de notes

porszívó

aspiradora

kaktusz

cactus

gyertya

candela

konyha
cuina

hűtőgép
refrigerador
mikrohullámú sütő
microones
konyhai mérleg
balança de cuina
kenyérpirító
torradora
tisztítószer
detergent per a plats
tűzhely
forn
fagyasztó
congelador
szemetes
galleda de les escombraries
mosogatógép
rentaplats

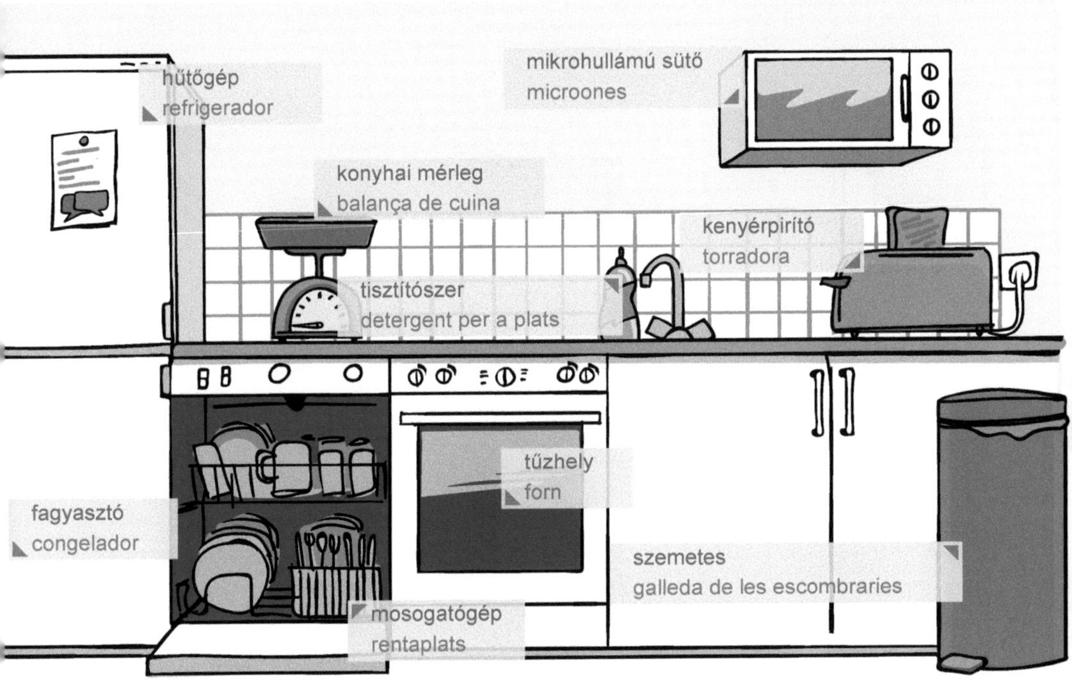

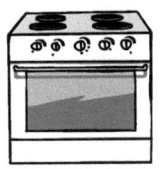

tűzhely

cuina de fogons

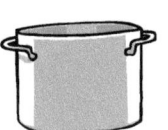

edény

olla

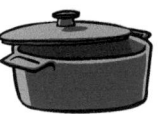

vasfazék

olla de ferro colat

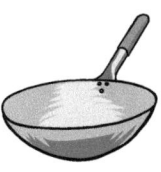

wok / kadai

wok / karahi

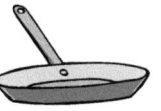

serpenyő

paella

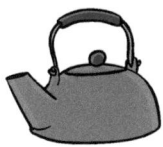

vízforraló

bullidor

pároló

olla de vapor

tepsi

plata de forn

étkészlet

vaixella

bögre

tassa grossa

tálka

bol

evőpálcika

bastonets xinesos

merőkanál

culler

keverőlapátka

espàtula

habverő

batedor

szűrő

colador

szita

sedàs

reszelő

ratllador

mozsár

morter

grillsütő

barbacoa

kandalló

foc a terra

vágódeszka

taula de tallar

sodrófa

corró

dugóhúzó

llevataps

doboz

pot de conserva

konzervnyitó

obridor

edényfogó

agafador

mosogató

aigüera

kefe

raspall

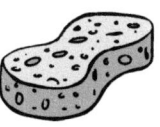

szivacs

esponja

turmixgép

batedora

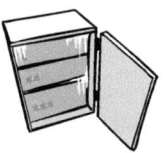

mélyhűtő

congelador

cumisüveg

biberó

csap

aixeta

fürdőszoba

bany

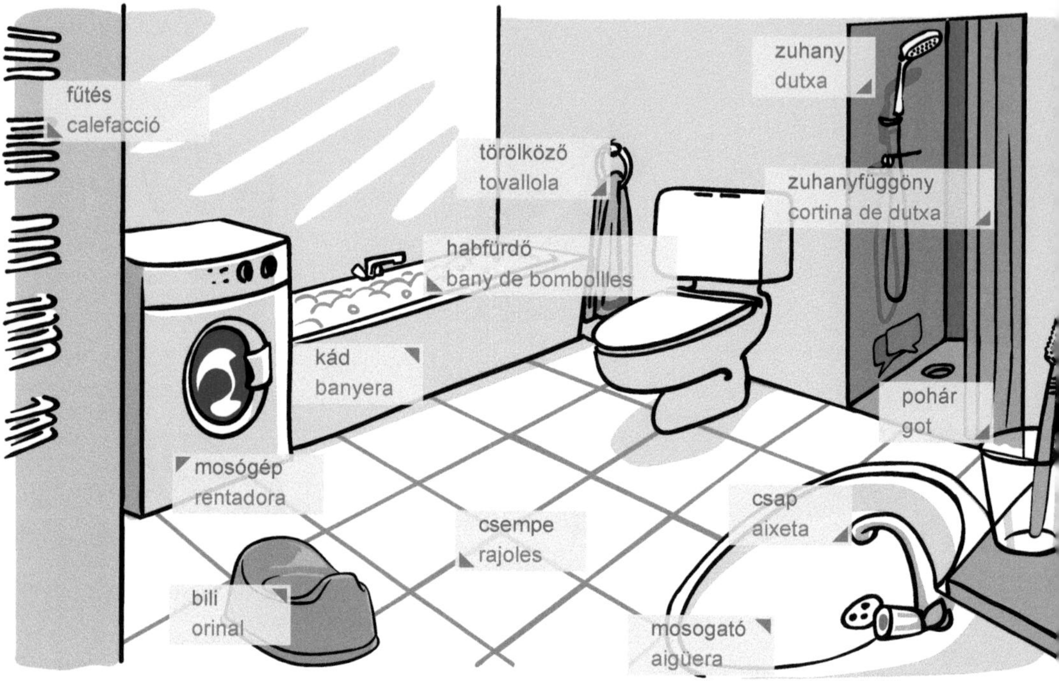
fűtés
calefacció
zuhany
dutxa
törölköző
tovallola
zuhanyfüggöny
cortina de dutxa
habfürdő
bany de bombolles
kád
banyera
pohár
got
mosógép
rentadora
csap
aixeta
csempe
rajoles
bili
orinal
mosogató
aigüera

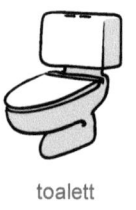

toalett

lavabo

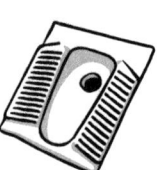

guggolós toalett

lavabo turc

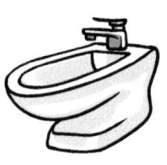

bidé

bidet

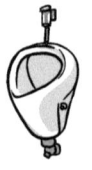

piszoár

orinador

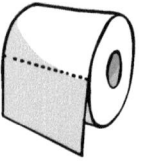

toalett papír

paper higiènic

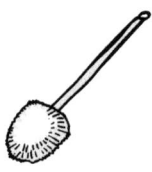

wc kefe

escombreta de sanitari

fogkefe

raspall de dents

fogkrém

pasta de dents

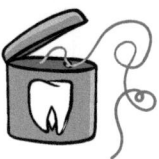

fogselyem

fil dental

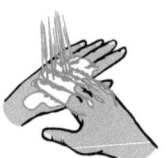

mosni

rentar

kézi zuhany

pom de dutxa

intimzuhany

dutxa íntima

mosdótál

rentamans

hátmosó kefe

raspall per a l'esquena

szappan

sabó

tusfürdő

gel de dutxa

sampon

xampú

mosdókesztyű

manyopla de bany

lefolyó

bonera

krém

crema

dezodor

desodorant

tükör
mirall

kézitükör
mirall-espill de mà

borotva
maquineta de rasar

borotvahab
espuma de barbejar

borotválkozás utáni
arcszesz
loció post-rasada

fésű
pinta

hajkefe
raspall

hajszárító
eixugador

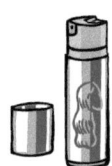

hajlakk
laca

smink
maquillatge

ajakrúzs
pintallavis

körömlakk
esmalt d'ungles

vatta
cotó

körömvágó olló
tallaungles

parfüm
perfum

neszesszer

estoig de bellesa

sámli

tamboret

mérleg

bàscula

köntös

barnús

gumikesztyű

guants de goma

tampon

compresa higiènica

egészségügyi betét

compresa

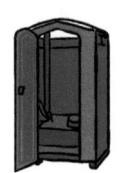

vegyi WC

sanitari químic

gyerekszoba
cambra de nen

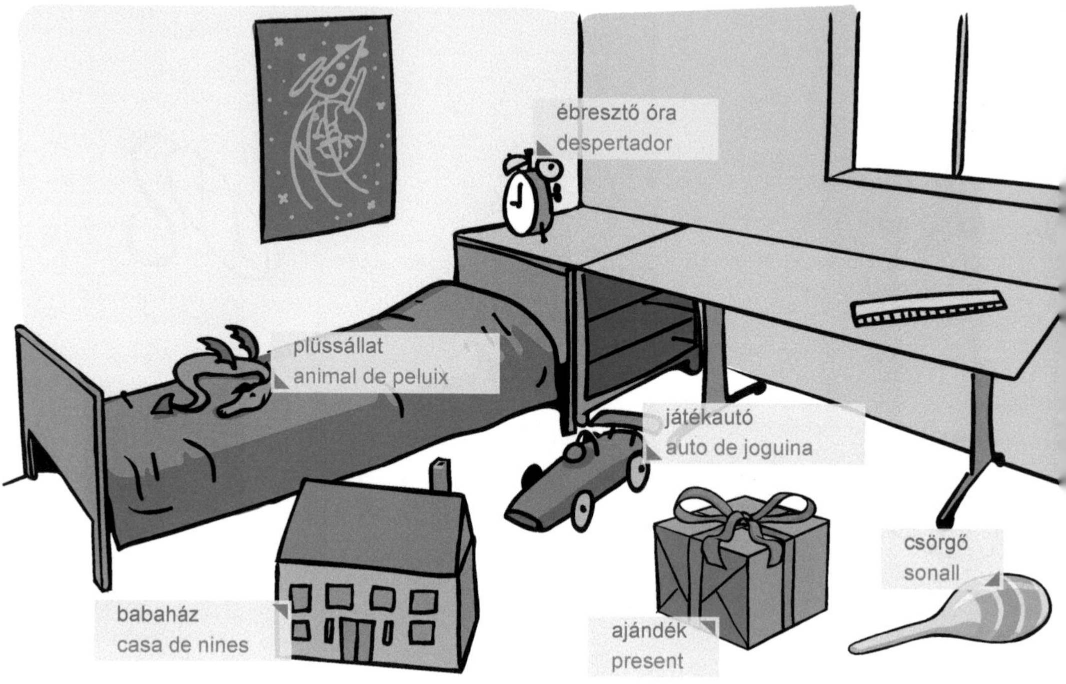

ébresztő óra
despertador

plüssállat
animal de peluix

játékautó
auto de joguina

csörgő
sonall

babaház
casa de nines

ajándék
present

lufi

baló

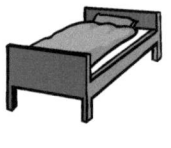

ágy

llit

babakocsi

cotxet per a nens

kártyapakli

joc de cartes

kirakós játék

trencaclosca

képregény

historieta

építőkockák
peces de lego

építőelem
peces de construcció

szuperhős
ninot d'acció

rugdalózó
granota

frizbi
frisbee

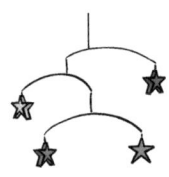

zenélő forgó
mòbil per a bressol

társasjáték
joc de taula

kocka
daus

modellvasút
tren elèctric

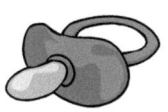

cumi
xumet

zsúr
festa

képeskönyv
llibre de dibuixos

labda
pilota

baba
nina

játszani
jugar

homokozó

sorrera

hinta

gronxador

játékok

joguines

videójáték konzol

consola de jocs de vídeo

tricikli

tricicle

teddi maci

osset de peluix

ruhásszekrény

armari

ruházat
roba

zokni

mitjons

harisnya

mitges

harisnyanadrág

mitja pantaló

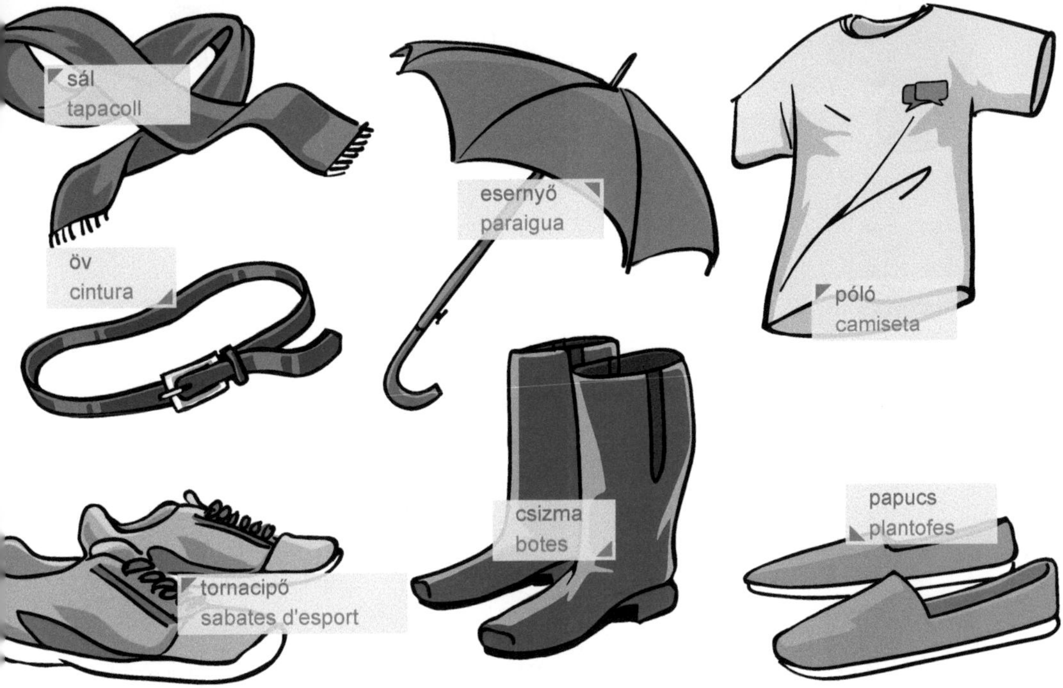

sál
tapacoll

esernyő
paraigua

öv
cintura

póló
camiseta

csizma
botes

papucs
plantofes

tornacipő
sabates d'esport

szandál
....
sandàlies

cipő
....
sabates

gumicsizma
....
botes de goma

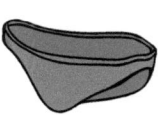

alsónadrág
....
calçonets

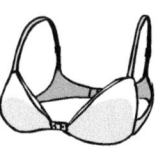

melltartó
....
sostenidor

mellény
....
guardapits

body

jjustacòs

nadrág

pantalons

farmer

jeans

szoknya

faldeta

blúz

brusa

ing

camisa

pulóver

jersei

kapucnis pulóver

dessuadora

blézer

blazer

dzseki

jaqueta

kabát

mantell

esőkabát

impermeable

kosztüm

vestit de dona

ruha

vestit de dona

esküvői ruha

vestit de núvia

öltöny

vestit d'home

hálóing

camisa de dormir

pizsama

pijama

szári

sari

fejkendő

mocador de cap

turbán

turbant

burka

burca

kaftán

caftan

abaya

abaia

fürdőruha

vestit de bany

fürdőnadrág

calçon(et)s de bany

rövidnadrág

pantalons curts

tréningruha

xandall

kötény

davantal

kesztyű

guants

gomb
botó

szemüveg
ulleres

karkötő
braçalet

nyaklánc
collaret

gyűrű
anell

fülbevaló
orellera

sapka
casquet

vállfa
penjador

kalap
capell

nyakkendö
corbata

cipzár
cremallera

bukósisak
casc

nadrágtartó
elàstics

iskolai egyenruha
uniforme escolar

egyenruha
uniforme

előke
....
pitet

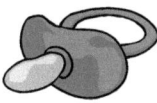

cumi
....
xumet

pelenka
....
bolquer

iroda

oficina

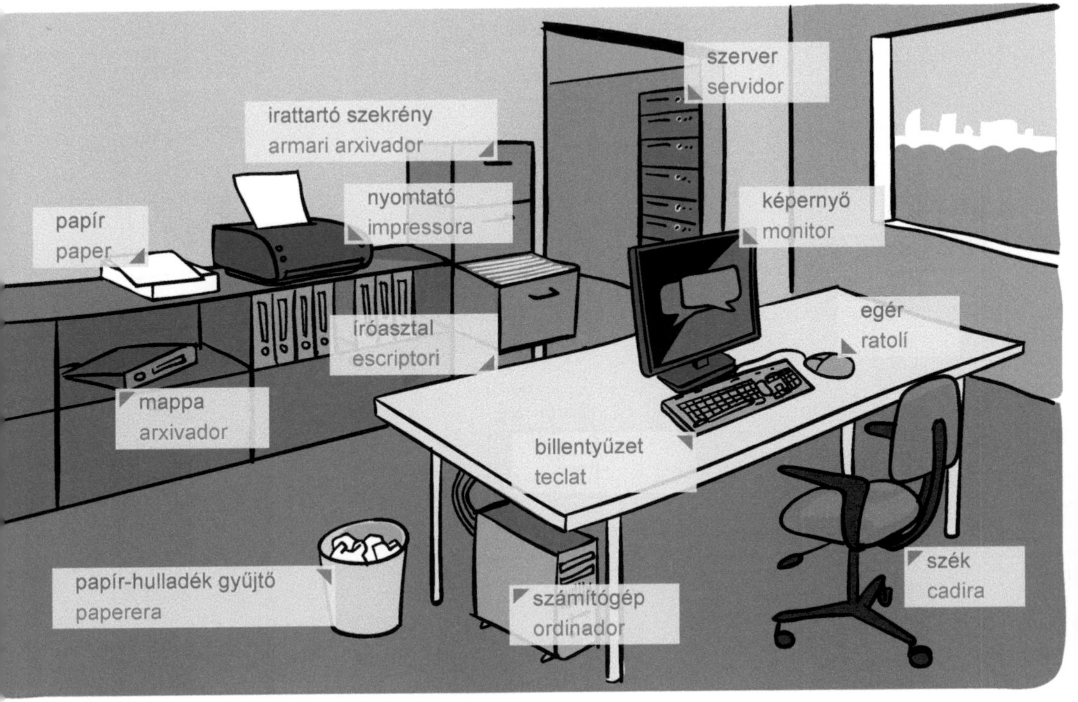

kávéscsésze
....
tassa de cafè

számológép
....
calculadora

internet
....
Internet

laptop
ordinador portàtil

levél
lletra

üzenet
missatge

mobiltelefon
mòbil

hálózat
xarxa

fénymásoló
fotocopiadora

szoftver
programari

telefon
telèfon

konnektor
presa de corrent

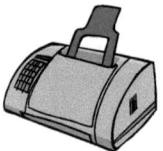

faxgép
fax

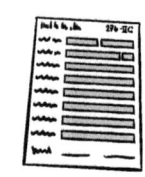

formanyomtatvány
formulari

dokumentum
document

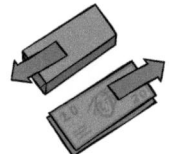

venni
comprar

fizetni
pagar

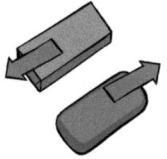

kereskedni
comerciar

pénz
diners

dollár
dòlar

euró
euro

jen
ien

rubel
ruble

svájci frank
franc suís

kínai jüan
renminbi

rúpia
rupia

bankautomata
caixa automàtica

valutaváltó iroda

oficina de canvi

arany

or

ezüst

argent

olaj

petroli

energia

energia

ár

preu

szerződés

contracte

adó

impost

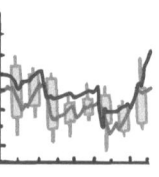

részvény

acció

dolgozni

treballar

munkavállaló

treballador

munkaadó

empresari

gyár

fàbrica

üzlet

botiga

rendőr
oficial de policia

tűzoltó
bomber

szakács
cuiner

orvos
doctora

pilóta
pilot

kertész

jardiner

kárpitos

fuster

varrónő

costurera

bíró

jutge

vegyész

química

színész

actor

buszsofőr

conductor d'autobús

taxisofőr

taxista

halász

pescador

bejárónő

dona de la neteja

tetőfedő

ensostrador

pincér

cambrer

vadász

caçador

festő

pintor

pék

forner

villanyszerelő

electricista

építőmunkás

obrer de la construcció

mérnök

enginyer

hentes

carnisser

vízvezeték-szerelő

llanterner

postás

correu

katona

soldat

építész

arquitecte

eladó

caixera

virágos

florista

fodrász

perruquer

kalauz

revisor

műszerész

mecànic

kapitány

capità

fogorvos

dentista

tudós

científic

rabbi

rabí

imám

imam

szerzetes

monjo

lelkész

capellà

szerszámok
eines

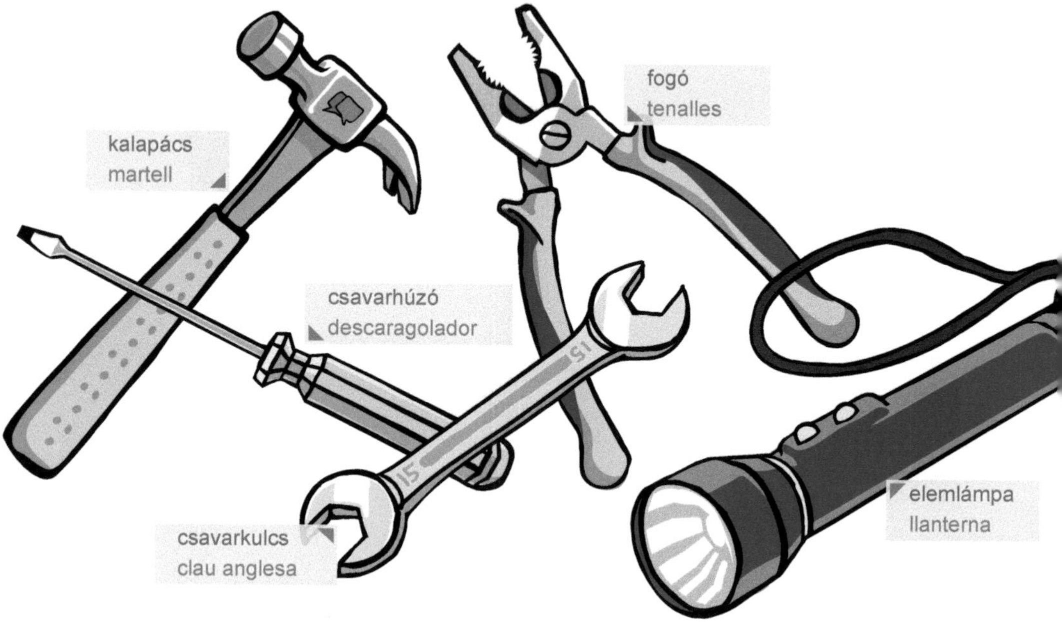

kalapács
martell
fogó
tenalles
csavarhúzó
descaragolador
csavarkulcs
clau anglesa
elemlámpa
llanterna

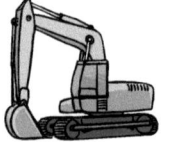

markológép

excavadora

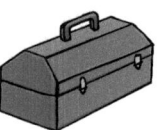

szerszámosláda

caixa d'eines

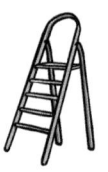

vödör

escala

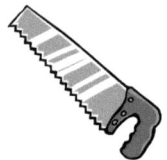

fűrész

serra

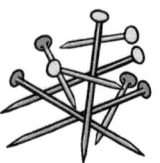

szög

claus

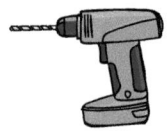

fúrógép

trepant

megjavítani

reparar

lapát

pala

A francba!

Maleït siga!

szemétlapát

pala

festékesdoboz

pot de pintura

csavar

caragols

hangszerek
instrument de música

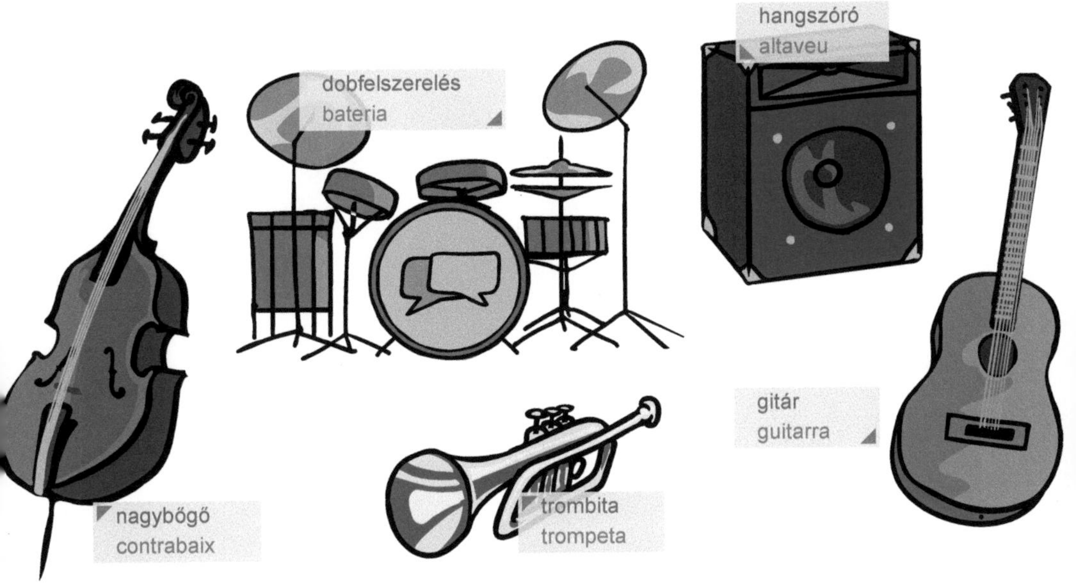

hangszóró
altaveu

dobfelszerelés
bateria

gitár
guitarra

nagybőgő
contrabaix

trombita
trompeta

zongora

piano

hegedű

violí

basszusgitár

baix

üstdob

timbal

dobok

tambor

digitális zongora

teclat

szaxofon

saxofon

fuvola

flauta

mikrofon

micròfon

tigris
tigre

bejárat
entrada

kalitka
gàbia

zebra
zebra

állateledel
aliment per a animals

panda
ós panda

állatok

animals

elefánt

elefant

kenguru

cangurú

orrszarvú

rinoceront

gorilla

goril·la

medve

ós

állatkert - zoo

teve

camell

strucc

estruç

oroszlán

lleó

majom

simi

flamingó

flamenc

papagáj

papagai

jegesmedve

ós polar

pingvin

pingüí

cápa

ca mari

páva

paó

kígyó

serp

krokodil

cocodril

állatgondozó

guardià del zoo

fóka

foca

jaguár

jaguar

póniló

poni

leopárd

lleopard

víziló

hipopòtam

zsiráf

girafa

sas

àliga

vaddisznó

senglar

hal

peix

teknős

tortuga

rozmár

morsa

róka

guineu

gazella

gasela

amerikai futball
futbol americà

kerékpározás
ciclisme

tenisz
tenis

kosárlabda
bàsquet

úszás
natació

boksz
boxa

jégkorong
hoquei sobre gel

futball

futbol americà

tollas

bàdminton

atlétika

atletisme

kézilabda

handbol

síelés

esquí

lovaspóló

polo

tevékenységek
activitats

nevetni
riure
ugrani
saltar
ölelni
abraçar
sétálni
anar
énekelni
cantar
álmodni
somiar
dicsérni
pregar
csókolni
fer un petó

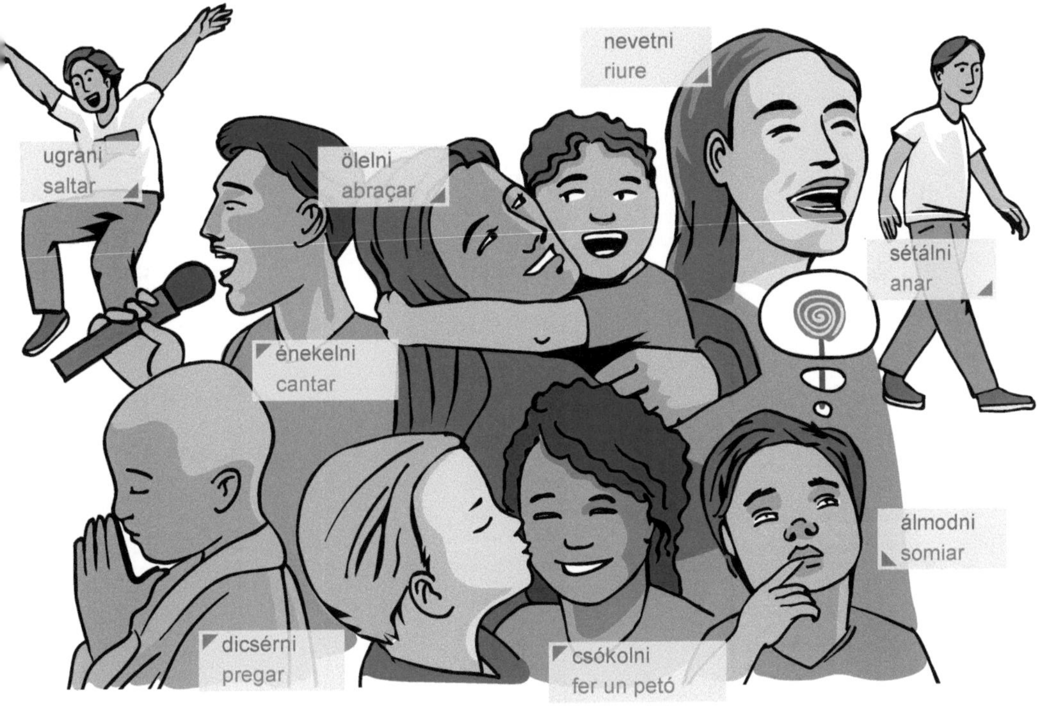

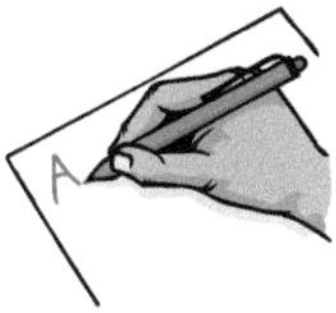

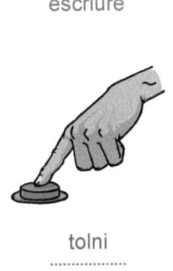

írni
escriure

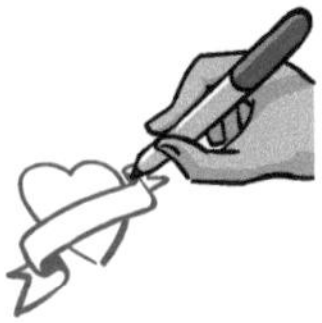

rajzolni
dibuixar

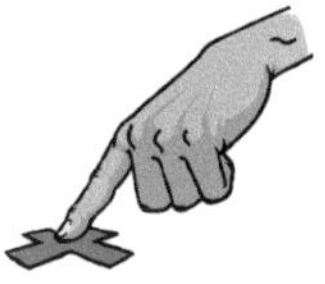

mutatni
mostrar

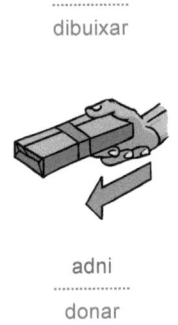

tolni
pitjar

adni
donar

vinni
prendre

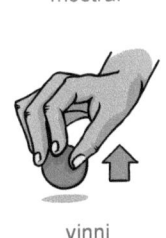

birtokolni

tenir

csinálni

fer

lenni

ésser

állni

estar dret

futni

córrer

húzni

estirar

hajít

llançar

esni

caure

hazudni

jeure

várni

esperar

vinni

portar

ülni

asseure's

felvenni

vestir-se

aludni

dormir

felébredni

despertar-se

ránézni

mirar

sírni

plorar

simogat

amoixar

fésülni

pentinar

beszélni

parlar

megérteni

comprendre

kérdezni

demanar

hallgatni

escoltar

inni

beure

enni

menjar

takarítani

endreçar

szeretni

estimar

főzni

cuinar

vezetni

conduir

szállni

volar

tevékenységek - activitats

vitorlázni

navegar

számol

calcular

olvasni

llegir

tanulni

aprendre

dolgozni

treballar

házasodni

casar-se

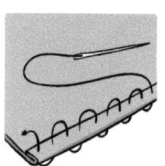

varrni

cosir

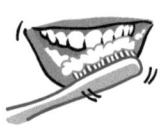

fogat mosni

raspallar-se les dents

ölni

matar

dohányozni

fumar

küldeni

enviar

nagymama
àvia

nagypapa
avi

apa
pare

anya
mare

kisbaba
nadó

lány
filla

fiú
fill

vendég

convidat

nagynéni

tia

nagybácsi

oncle

fiútestvér

germà

lánytestvér

germana

test

cos

homlok
front
szem
ull
váll
espatlla
ujj
dit
arc
cara
áll
barbeta
kéz
mà
láb
cama
mell
pit
kar
braç

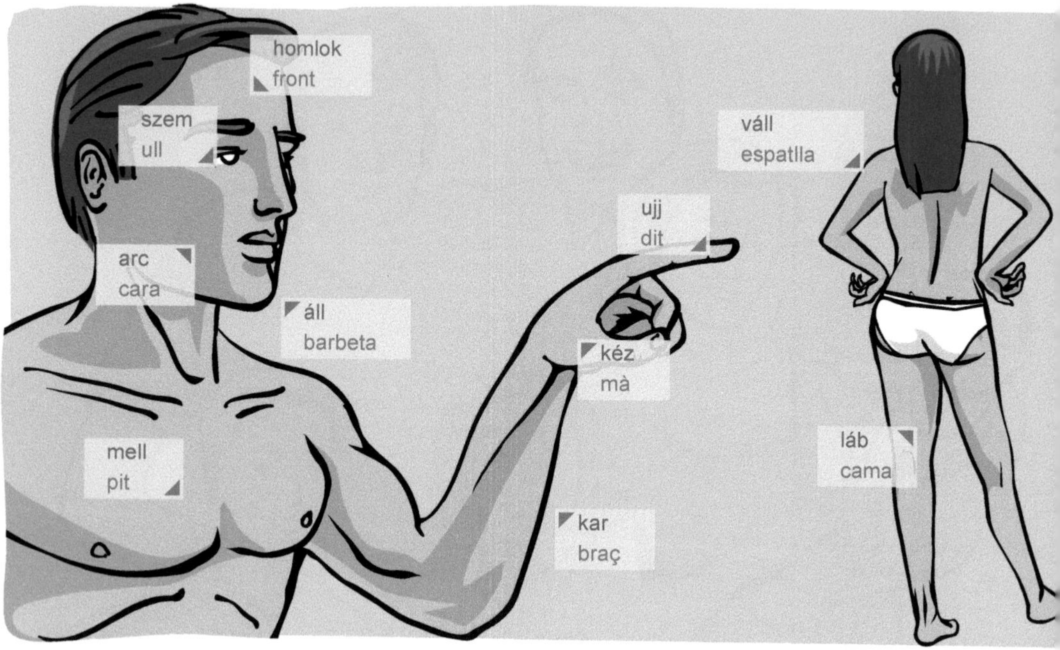

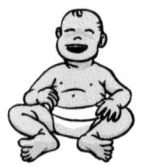

kisbaba
nadó

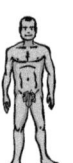

ember
home

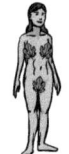

nő
dona

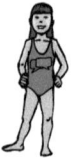

lány
noia

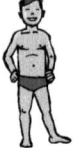

fiú
noi

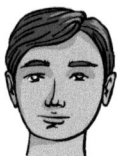

fej
cap

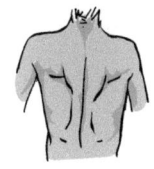

hát
....
esquena

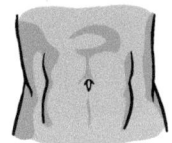

has
....
panxa

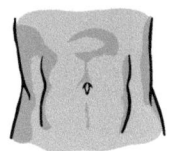

köldök
....
melic

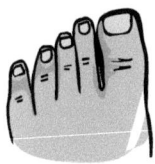

lábujj
....
dit gros del peu

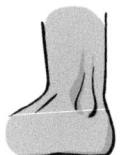

sarok
....
taló

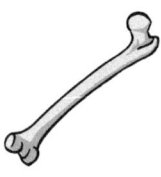

csont
....
os

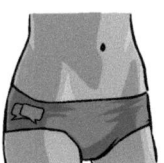

csípő
....
maluc

térd
....
genoll

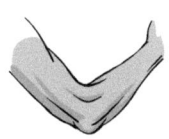

könyök
....
colze

orr
....
nas

fenék
....
cul

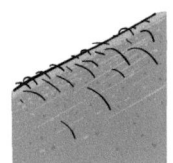

bőr
....
pell

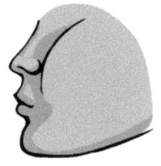

orca
....
galta

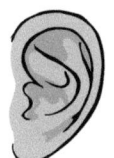

fül
....
orella

ajak
....
llavi

száj
boca

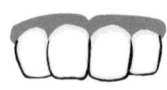

fog
dent

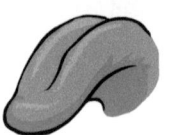

nyelv
llengua

agy
cervell

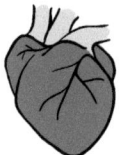

szív
cor

izom
múscul

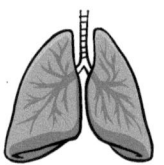

tüdő
pulmó

máj
fetge

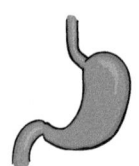

gyomor
estómac

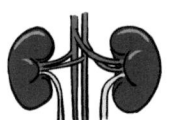

vese
ronyó

szex
relació sexual

kondom
preservatiu

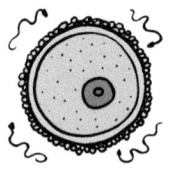

petesejt
ovari

sperma
semen

terhesség
prenyat

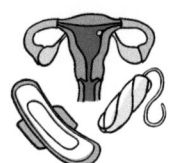

menstruáció

menstruació

vagina

vagina

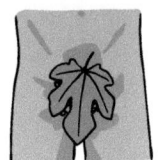

pénisz

penis

szemöldök

cella

haj

cabells

nyak

coll

kórház
hospital

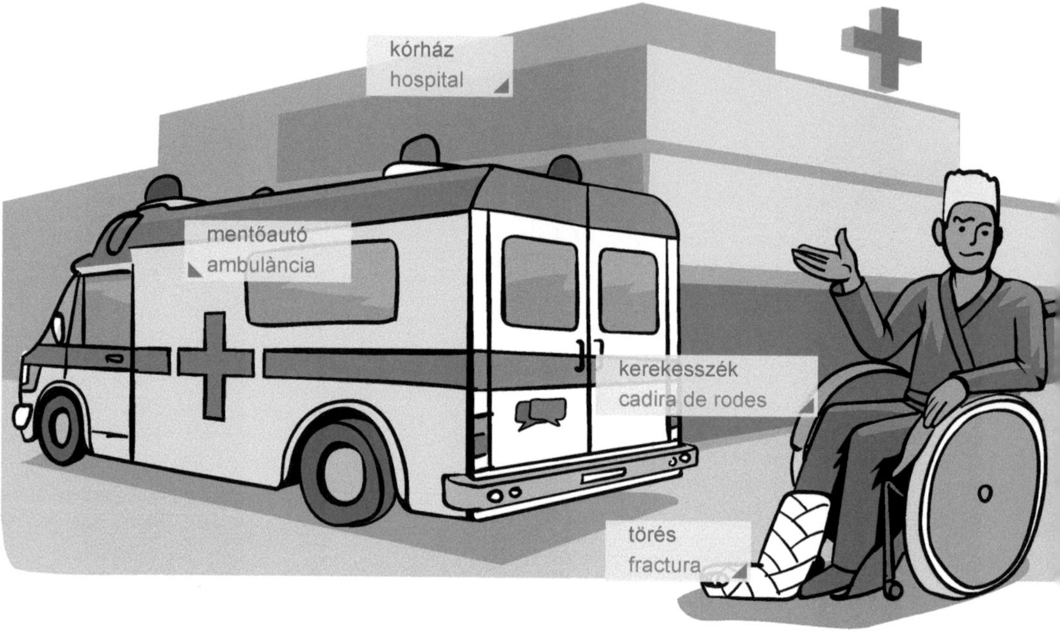

kórház
hospital
mentőautó
ambulància
kerekesszék
cadira de rodes
törés
fractura

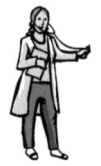

orvos
doctora

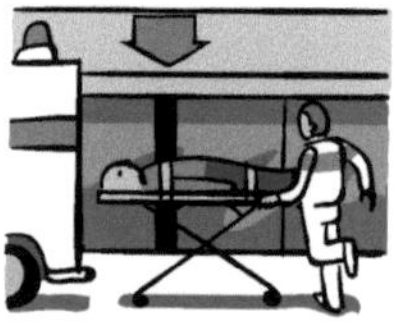

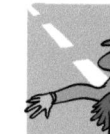

sürgősségi osztály
sala d'urgències

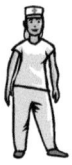

ápoló
infermera

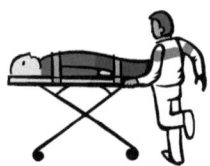

vészhelyzet
urgència

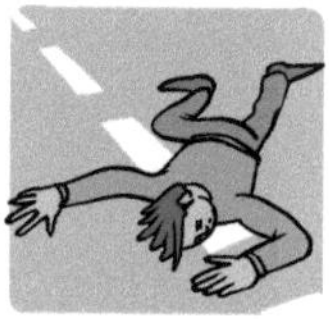

eszméletlen
inconscient

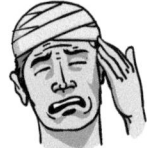

fájdalom
dolor

sérülés

ferida

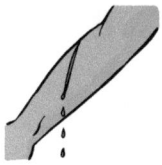

vérzés

sagnament

szívroham

atac de cor

szélütés

apoplexia

allergia

al·lèrgia

köhögés

tos

láz

febre

influenza

gripa

hasmenés

diarrea

fejfájás

mal de cap

rák

càncer

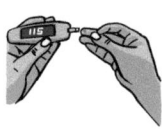

cukorbetegség

diabetis

sebész

cirurgià

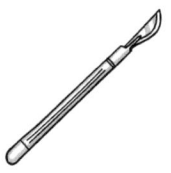

szike

escalpel

műtét

operació

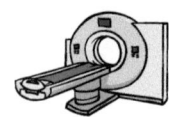

CT

tomografia computada (TC),
TAC

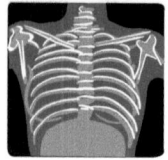

röntgen

raigs x

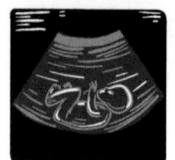

ultrahang

ultrasò

arcmaszk

mascareta

betegség

malaltia

váróterem

sala d'espera

mankó

crossa

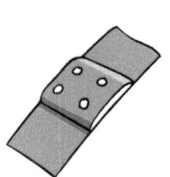

sebtapasz

tireta

kötszer

embenat

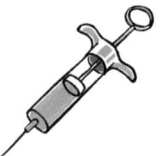

injekció

injecció

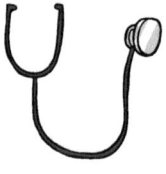

sztetoszkóp

estetoscopi

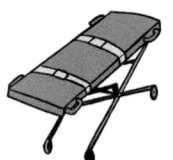

hordágy

llitera

klinikai hőmérő

termòmetre clínic

születés

pariment

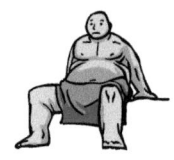

túlsúly

sobrepès

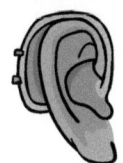

hallókészülék

aparell auditiu

fertőtlenítőszer

desinfectant

fertőzés

infecció

vírus

virus

HIV/AIDS

VIH / SIDA

orvosság

medicina

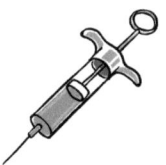

oltás

vaccí

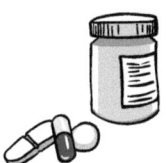

tabletták

comprimits

tabletta

píl·lola

sürgősségi hívás

trucada d'urgència

vérnyomásmérő

tensiòmetre

betegség / egészség

malalt / sà

Segítség!

Socors!

riasztás

alarma

rajtaütés

assalt

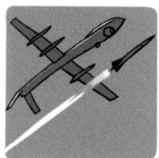

támadás

atac

veszély

perill

vészkijárat

sortida-eixida d'urgència

tűz!

Foc!

tűzoltókészülék

extintor

baleset

accident

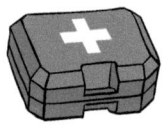

elsősegélycsomag

farmaciola de primers
auxilis

SOS

SOS

rendőrség

policia

Európa

Europa

Észak-Amerika

Amèrica del Nord

Dél-Amerika

Amèrica del Sud

Afrika

Àfrica

Ázsia

Àsia

Ausztrália

Austràlia

Atlanti-óceán

Atlàntic

Csendes-óceán

Pacífic

Indiai-óceán

Oceà Índic

Déli-óceán

Oceà Antàrtic

Jeges-tenger

Oceà Àrtic

Északi-sark

pol nord

Déli-sark

pol sud

Antarktisz

Antàrtida

föld

terra

szárazföld

país

tenger

mar

sziget

illa

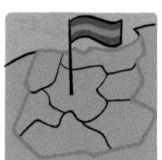

nemzet

nació

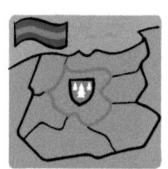

állam

estat

szàmlap

quadrant

kismutató

agulla de les hores

nagymutató

agulla dels minuts

másodpercmutató

agulla dels segons

Mennyi az idő?

Quina hora és?

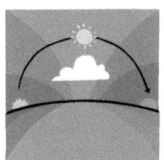

nap

dia

idő

temps

most

ara

digitális óra

rellotge digital

perc

minut

óra

hora

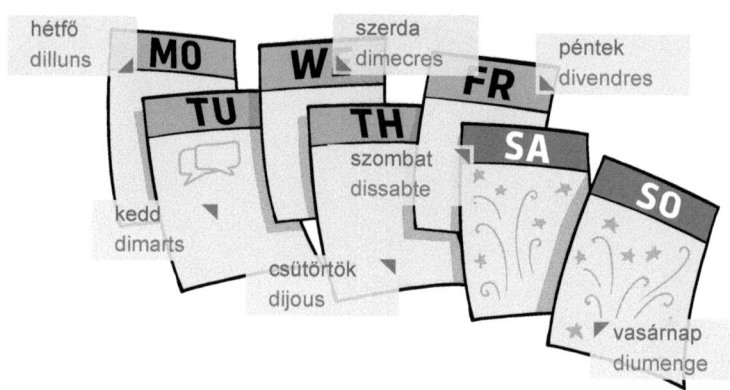

hétfő — dilluns
szerda — dimecres
péntek — divendres
kedd — dimarts
szombat — dissabte
csütörtök — dijous
vasárnap — diumenge

tegnap
ahir

ma
avui

holnap
demà

reggel
matí

dél
migdia

este
tarda

hétköznap
dia feiner

hétvége
cap de setmana

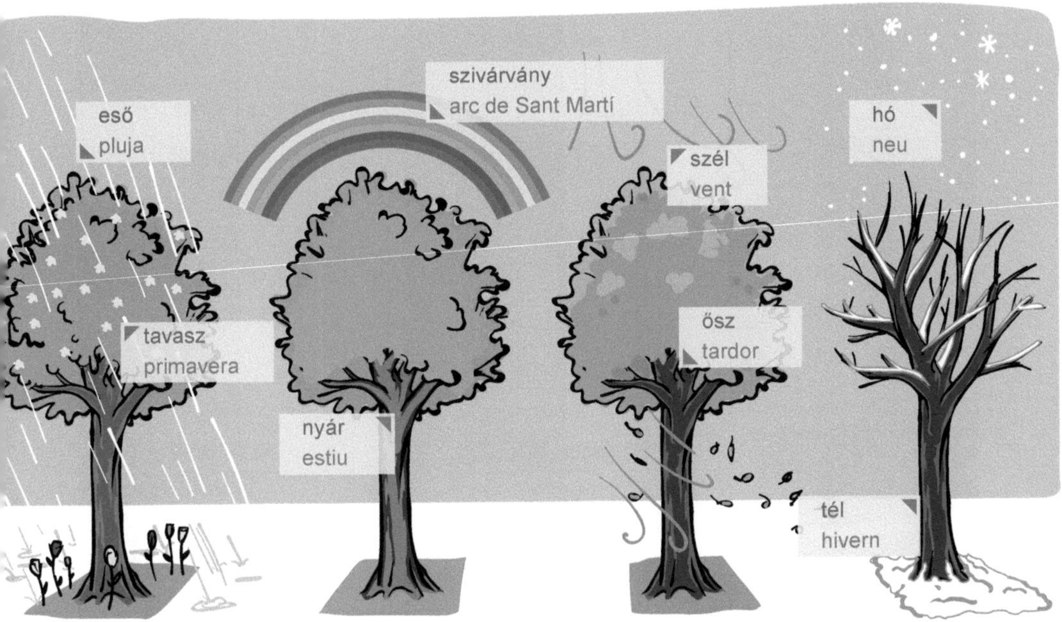

eső
pluja

szivárvány
arc de Sant Martí

szél
vent

hó
neu

tavasz
primavera

ösz
tardor

nyár
estiu

tél
hivern

4.APRIL	11°	☀
5.APRIL	4°	☁
6.APRIL	13°	☂
7.APRIL	8°	☀
8.APRIL	10°	☀

időjárás előrejelzés

pronòstic del temps

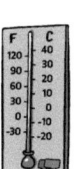

hőmérő

termòmetre

napsütés

llum del sol

felhő

núvol

köd

boira

páratartalom

humiditat de l'aire

villámlás

llamp

mennydörgés

tro

vihar

tempesta

jégeső

calamarsa

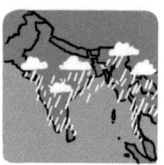

monszun

monsó

áradás

inundació

jég

gel

január

gener

február

febrer

március

març

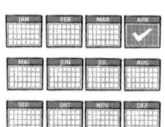

április

abril

május

maig

június

juny

július

juliol

augusztus

agost

szeptember
....
setembre

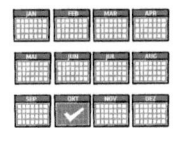

október
....
octubre

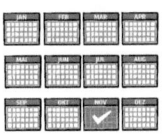

november
....
novembre

december
....
desembre

alakzatok
formes

kör
....
cercle

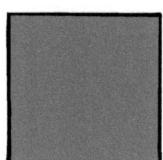

négyzet
....
quadrat

téglalap
....
rectangle

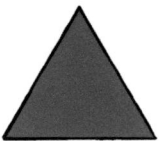

háromszög
....
triangle

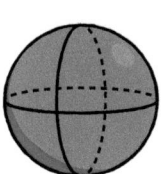

gömb
....
esfera

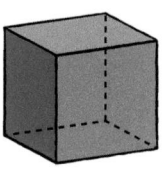

kocka
....
cub

fehér

blanc

sárga

groc

narancs

taronja

rózsaszín

rosa

piros

vermell

lila

lila

kék

blau

zöld

verd

barna

marró

szürke

gris

fekete

negre

sok / kevés

molt / poc

mérges / nyugodt

emprenyat / tranquil

szép / csúnya

bonic / lleig

kezdet / vég

començament / fi

nagy / kicsi

gran / petit

világos / sötét

clar / fosc

fivér / nővér

germà / germana

tiszta / koszos

net / brut

teljes / nem teljes

complet / incomplet

nappal / éjszaka

dia / nit

halott / élő

mort / viu

széles / keskeny

ample / estret

ehető / nem ehető

comestible / immenjable

gonosz / kedves

dolent / amable

izgatott / unott

entusiasmat / entediat

kövér / vékony

gros / prim

első / utolsó

primer / darrer

barát / ellenség

amic / enemic

teli / üres

ple / buit

kemény / puha

dur / tou

nehéz / könnyű

pesant / lleuger

éhség / szomjúság

gana / set

betegség / egészség

malalt / sà

illegális / legális

il·legal / legal

intelligens / buta

intel·ligent / ximple

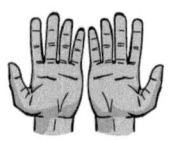

bal / jobb

esquerra / dreta

közel / távol

prop / llunyà

új / használt
nou / usat

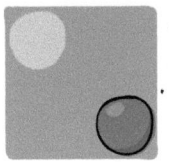

semmi / valami
res / quelcom

idős / fiatal
vell / jove

be / ki
encès / apagat

nyitva / zárva
obert / tancat

csendes / hangos
silenciós / sorollós

gazdag / szegény
ric / pobre

helyes / helytelen
correcte / incorrecte

érdes / sima
aspre / suau

szomorú / vidám
trist / content

rövid / hosszú
curt / llarg

lassú / gyors
lent / ràpid

nedves / száraz
humit / sec - eixut

meleg / hideg
calent / fred

háború / béke
guerra / pau

0	**1**	**2**
nulla	egy	kettő
zero	u	dos

3	**4**	**5**
három	négy	öt
tres	quatre	cinc

6	**7**	**8**
hat	hét	nyolc
sis	set	vuit

9	**10**	**11**
kilenc	tíz	tizenegy
nou	deu	onze

12
tizenkettő

dotze

13
tizenhárom

tretze

14
tizennégy

catorze

15
tizenöt

quinze

16
tizenhat

setze

17
tizenhét

disset

18
tizennyolc

divuit

19
tizenkilenc

dinou

20
húsz

vint

100
száz

cent

1.000
ezer

mil

1.000.000
millió

milió

angol

anglès

amerikai angol

anglès americà

mandarin kínai

xinès mandarí

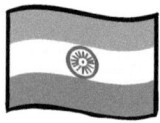

hindi

hindi

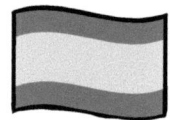

spanyol

espanyol

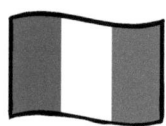

francia

francès

arab

àrab

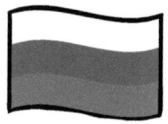

orosz

rus

portugál

portuguès

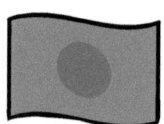

bengáli

bengalí

német

alemany

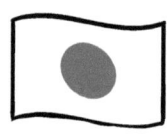

japán

japonès

én
jo

te
tu

ő
ell / ella / allò

mi
nosaltres

ti
vosaltres

ők
ells

ki?
qui?

mi?
què?

hogyan?
com?

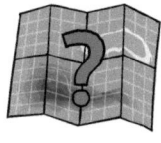

hol?
on?

mikor?
quan?

név
nom

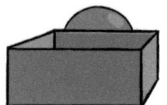

mögött

darrere

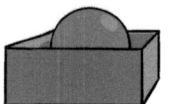

benne

en

előtte

davant de

felette

damunt

rajta

sobre

alatta

sota

mellett

al costat

között

entre

hely

lloc